LA CRITIQUE

EST AISÉE,

MAIS L'ART

EST DIFFICILE.

Encore une Critique! S'accorde-t-elle avec les précédentes?

Voilà en premier lieu l'idée que donne un semblable Ecrit.

Si ma conduite & mes observations sur chacun des chefs-d'œuvre que l'on voit au Salon me méritent les suffrages & l'estime de ceux qui en sont les auteurs, mon but sera rempli.

LA CRITIQUE

EST AISÉE,

MAIS L'ART

EST DIFFICILE.

M. VIEN, *Professeur.*

PRIAM partant pour supplier Achille de lui rendre le corps d'Hector.

Ce tableau est d'une composition sage, bien d'accord, & sur-tout d'une grande pureté de dessein; mais les figures sont un peu trop sur le même plan, & il y a de l'égalité dans la couleur.

M. LAGRENÉE l'aîné, *Professeur.*

Le tableau des deux Veuves d'un Indien est d'une grande composition; les grouppes sont bien distribués : celui de la femme qui s'arrache les cheveux est on ne peut mieux composé; mais le trait historique est manqué : cette femme a plutôt

A

l'air de fuir un spectacle qui lui fait hor-
reur, que de paroître indignée de la pré-
férence que sa rivale remporte sur elle,
& celle-là ne paroît pas l'avoir obtenue.
C'est un regret que M. Lagrenée laisse
aux spectateurs, ainsi que d'y remarquer
un dessein négligé, & que la beauté des
draperies ne peut racheter.

On desireroit plus de correction dans
les extrémités, & la couleur générale
moins grise & bleue.

M. VANLOO, *Professeur.*

Dans le tableau de Zéphyre & Flore
on remarque une composition ingénieuse
& de la grace dans les figures; mais on re-
grette de n'y pas trouver le sentiment de
la couleur.

M. LÉPICIÉ, *Professeur.*

Le tableau de Mathathias tuant un Juif
qui sacrifioit aux Idoles, fait regretter,
par sa grande correction de dessein & sa
belle composition, que dans les chairs il
y ait une couleur si jaune & si peu semblable à la nature.

Ce défaut existe un peu moins dans les
petits tableaux du même Auteur.

M. BRÉNET, *Professeur.*

Virginius prêt à poignarder sa fille est infiniment supérieur à l'Achille du dernier Salon, tant par sa composition que par son effet.

Cependant Virginius n'est pas d'un beau choix ; il n'a pas le caractere d'un Romain qui préfere la mort de sa fille à son ignominie : ce n'est pas un assassinat qu'il doit paroître commettre.

Le sujet de la courtoisie de Bayard est bien rendu, d'un grand dessein, & admirable pour la vérité du costume. Quel dommage que ce tableau soit d'une couleur crue & sans effet général !

M. LAGRENÉE le jeune, *Professeur.*

Ses productions sont distinguées par tout le goût & la facilité possible. Ses tableaux sont de la plus agréable poésie qu'on ait vue. Un jeune Artiste peut admirer l'adresse de M. Lagrenée ; mais cette facilité est souvent aux dépens de la nature ; sa Fête à Bacchus & son Saint Jean dans le désert en sont la preuve.

Son Allégorie est ingénieuse.

La mort d'Adonis est son meilleur tableau.

———————

M. TARAVAL, *Professeur.*

Le sacrifice de Noé au sortir de l'arche est bien composé, le dessein correct & d'une bonne couleur. C'est sans contredit le meilleur tableau que l'Auteur ait donné depuis long-temps.

On trouve que la draperie sent un peu le mannequin.

———————

M. MÉNAGEOT, *Adjoint à Professeur.*

L'Allégorie pour la naissance de Monseigneur le Dauphin a toute l'élévation digne du sujet, & qu'on pouvoit attendre de l'Auteur du tableau représentant l'Etude qui arrête le Temps, que l'on admiroit au dernier Salon.

La figure de la France est superbe, de la plus grande noblesse; la Victoire & les autres Vertus au pied de la pyramide sont belles. La Santé, qui soutient le Prince avec la France, n'est pas d'un choix aussi heureux; elle n'est pas d'un dessein qui réponde à la beauté du tableau. Malheureusement les plus grands Artistes s'oublient quelquefois.

Le grouppe du Corps-de-Ville est d'un

bon effet, les attitudes bien contraftées : toutes ces figures font une belle maffe. Ce tableau réunit la compofition la plus ingénieufe & la plus favante à l'effet le plus piquant.

Aftyanax arraché des bras d'Andromaque par l'ordre d'Ulyffe est également d'une belle compofition. Les draperies font d'un grand ftyle ; mais l'effet général manque abfolument , le ciel étant trop brun pour produire une lumiere auffi brillante fur les figures.

M. Suvée, *Adj. à Prof.*

La Fête à Palès , ou l'Eté, eft d'une couleur blonde , d'un deffein précieux, & il y a beaucoup de graces dans les figures de femmes. Une compofition moins difperfée produiroit un effet plus général.

Dans la Réfurrection , le Chrift n'eft pas d'une belle compofition ni d'une belle forme ; la tête n'a pas le caractere de la Divinité.

Le Portrait de M. Van-Outryve eft fagement peint , & bien drapé.

M. Vernet, *Confeiller.*

Dans les tableaux de M. Vernet , on reconnoît toujours l'homme de génie ; mais on n'y trouve plus cette belle harmonie qu'il mettoit autrefois; fes figures même n'ont pas la correction qu'il leur avoit donnée jufqu'ici.

M. Vernet n'a rien à ajouter à fa gloire: un grand nombre de tableaux le tranfmet à la poftérité.

M. ROSLIN, *Confeiller.*

Plufieurs Portraits, principalement ce-lui de Madame Vallayer Cofter & celui de l'Auteur, font faits pour ajouter à fa réputation.

Il y a de la grace dans la jeune fille qui s'apprête à orner de fleurs la ftatue de l'A-mour. Le fatin eft bien peint, & feroit illufion s'il étoit moins verd dans les de-mi-teintes.

M. MACHY, *Confeiller.*

On félicite M. Machy fur fes progrès: fes tableaux font infiniment mieux que ceux du Salon précédent.

Sa Vue prife du Pont Neuf eft d'un ton harmonieux, le ciel eft parfaitement dé-gradé. L'architecture du Clair de Lune qu'il a fait avec M. Hue ne lui fait pas moins d'honneur. Ce tableau est plein d'effet, & d'une compofition neuve. On defireroit qu'il eût fait faire les figures

par M. Hue, elles feroient mieux deffinées & plus d'accord.

M. DUPLESSIS, *Conseiller*.

Les Portraits de M. et Madame Necker.
Dans celui de M^r., la tête eft bien peinte,
mais la bouche a une étrange expreffion.
Les mains font lourdes, et celle qui pofe
fur la table ne produit pas un bel effet.

Le Portrait de Madame eft plus naturel ; la tête a beaucoup de vérité, & le
fatin eft bien fait.

M. BEAUFORT, *Conseiller*.

Le Duc de Guife chez le Préfident du
Harlay.

Ces deux principales figures font bien
rendues. Mais les Pages n'ont pas d'harmonie, ils paroiffent fur le même plan :
celui du fond du tableau eft d'un ton
auffi vigoureux que celui qui eft fur le devant.

Ce tableau eft d'un foible deffein.

M. DAVID, *Académicien*.

Le tableau des regrets d'Andromaque
fur le corps d'Hector eft de l'effet le plus

impofant. L'Hector eft effrayant , par le caractere de la mort qui eft parfaitement exprimé.

Le groupe d'Andromaque & du jeune Aftyanax eft admirable , on ne peut draper d'un plus grand ftyle.

La plus grande févérité de deffein & de vigueur de couleur eft ce qui caractérife M. David. C'eft le Peintre qui rend le mieux les extrémités.

Si l'on pouvoit fe permettre de defirer quelque chofe dans cet excellent tableau , ce feroit un peu plus de nobleffe dans la tête d'Andromaque.

M. VINCENT, *Académicien.*

Le Paralytique guéri à la Pifcine.

Ce tableau réunit la plus fage compofition , le deffein le plus pur , à une couleur harmonieufe & nature à la fois. Quelle nobleffe dans le Sauveur ! Le Paralytique eft étonnant pour la vérité.

Dans ce tableau , l'expreffion de têtes eft bien contraftée & rendue felon l'âge & le caractere de chaque figure.

M. Vincent & M. David peuvent être regardés comme ayant produit les deux chefs-d'œuvre du Salon.

On ne doit pas décider fur l'égalité de

couleur du Paralytique, on s'en rapporte à cet égard à M. Vincent.

Achille secouru par Vulcain, est un excellent tableau. On est porté à croire qu'Homere étant Peintre & Poëte n'auroit pas rendu ce sujet avec plus d'enthousiasme & de chaleur.

L'enlèvement d'Orithye, qui a valu sa réception à l'Académie, ne peut qu'ajouter, s'il est possible, à la réputation du Peintre du Président Molé.

M. CALLET, *Académicien.*

Les Saturnales, ou l'Hiver.

Le sujet de ce tableau est bien rendu ; il est d'une belle composition : le dessein correct.

On est fâché que M. Callet ne fasse pas de progrès dans sa couleur, qui est on ne peut pas plus factice.

M. BERTHELLEMI.

Maillard tue Marcel.

Ce tableau est d'une touche large & vigoureuse. C'est dommage que le dessein soit lourd, & l'effet totalement manqué. La figure la plus éloignée du flambeau est aussi éclairée que celle qui en est le plus

proche : faute de combinaifon impardon-
nable.

M. Lebarbier, *Agréé.*

Le fujet du Siege de Beauvais, qui a
fervi à M. Lebarbier pour fa réception
à l'Académie, a fait la plus grande fen-
fation.

On avoit lieu d'efpérer que le Salon
fuivant on verroit un tableau en état de
foutenir la comparaifon que l'on pourroit
faire avec ce premier.

Mais le tableau de Henri IV & de Sully
eft mal compofé, d'un mauvais goût de
deffein, & d'une couleur crue. Le Pay-
fage, bleu & verd, eft en général dénué
d'harmonie.

Ses petits fujets, pour vignette, font
mieux compofés, pleins de goût, & d'un
fini précieux, ce qui convient à ce genre.

La Gravure, fans devenir plus célebre,
coûte à l'Art de la Peinture plufieurs de
fes bons Artiftes. M. Lebarbier n'eft pas
le premier qui ait abandonné fon talent
pour le commerce d'eftampes.

M. Bardin, *Agréé.*

Jéfus-Chrift chez le Pharifien : ou la
Pénitence.

Ce tableau eſt d'une vaſte compoſition, d'un deſſein correct : on voudroit moins de ſéchereſſe & plus de vigueur dans la couleur.

M. ROBIN, *Agréé.*

Jéſus-Chriſt répand ſur le globe du monde la lumiere de la foi, par le miniſ-tere des Apôtres. Ce tableau a pour tout mérite d'être d'un bon principe de couleur.

Madame LE BRUN, *Académicienne.*

La Paix ramenant l'Abondance, & Vénus liant les ailes de l'Amour.

Dans ces deux tableaux, Madame le Brun réunit la fraîcheur de la belle nature à une compoſition ſavante & agréable. Ses draperies ſont du plus beau ſtyle. Il y a long-temps que l'Académie n'a reçu de femme peintre d'un auſſi grand talent. C'eſt ce qui fait dire que quelque Génie préſide à l'exécution de ſes ouvrages.

Dans ſes portraits, on remarque celui de l'auteur ; il eſt admirable pour la hardieſſe de l'effet, & la vérité du clair-obſcur.

Si le fond étoit moins cru, & qu'il y eût plus de correction dans les mains, ce tableau ſeroit parfait.

A vj

Dans le numéro 113, la figure de Junon est bien rendue ; on desireroit dans la Vénus un choix de forme qui la caractérisât.

Ce tableau est d'une charmante couleur.

M. H u e, *Académicien.*

Cet Artiste s'est montré, pour la premiere fois, au Salon précédent, & a reçu des éloges. L'Académie a jugé qu'il redoubleroit de soins pour accroître un talent déja décidé ; & elle ne pouvoit se tromper.

Le Clair de Lune, qui a tant fait de plaisir, est surpassé par celui qu'on voit aujourd'hui, qui est mieux composé, & d'une meilleure exécution. Le brillant de la lune fait illusion. Les eaux sont limpides & vraies.

Cet Artiste a fait de la figure une étude sérieuse.

Son Soleil couchant est bien d'accord, le ciel plein d'air, les arbres & les eaux bien rendus.

La Vue de Montmorency est d'un ton bien naturel, & d'un fini précieux ; on desire se trouver dans une campagne aussi agréable, & par un même temps.

L'Etude de Vache d'après nature est

bien peinte; on voit qu'il ne dépend que
de M. Hüe d'avoir du talent en ce genre,
& d'enrichir ses paysages. Il en donne la
preuve dans la Vue de Montmorency.

Sa Forêt est d'une grande composition;
chaque genre d'arbre a le caractere qui lui
convient, pour le plan, la forme & la
touche. Le coup de soleil qui est sur le
devant est d'une grande vérité. Ce tableau
est le morceau de réception de l'Auteur.

Le Coup de Vent, & plusieurs autres
petits tableaux, font le plus grand plaisir.

Tous les Artistes trouvent que dans le
Coup de Tonnerre le ciel est vraiment
déchiré par la foudre. Le mouvement de
ce tableau est bien senti & rendu.

Madame G U I A R D, *Académicienne.*

Le genre de pastel, depuis M. La Tour,
avoit été totalement négligé à l'Académie;
il manquoit un modele en ce genre,
quand Madame Guiard a paru.

Elle s'annonce par un chef-d'œuvre.
C'est le portrait de Brisard, dans le rôle
du Roi Léar. Composition, exécution,
rien ne manque à ce superbe tableau.

Ses pastels ont tous la vigueur de l'huile.

Les portraits de Messieurs les Acadé-
miciens, & autres, réunissent non seule-
ment le mérite de la ressemblance, mais

pourroient être pris auffi en particulier comme têtes d'étude.

Le portrait de M. Pajou eft fon morceau de réception.

M. CAZANOVA, *Académicien,*

On diftingue les tableaux de M. Cazanova, pour être d'une compofition agréable, d'un ton harmonieux & d'un bon effet. C'eft dommage qu'ils foient dénués du langage de la vérité.

M. ROBERT, *Académicien.*

Les tableaux de M. Robert font diftingués par leur couleur, & leur touche fpirituelle. La perfpective aérienne eft bien entendue.

Ses compofitions font on ne peut pas plus variées. L'ancienne Grece & Rome n'ont pas de monuments plus vaftes que ceux qui compofent fes tableaux.

Il fait auffi les orner agréablement de figures; c'eft dommage qu'elles foient mal deffinées & trop peu finies. Quelquefois le ton du ciel n'eft pas d'accord avec fon architecture & fes terreins.

M. NIVARD, *Agréé.*

Sa Vue de Maupertuis eft du plus bel afpect de vérité. Il feroit difficile d'avoir quelque chofe à defirer dans le ciel , les fonds & les demi-plans.

Si cet Artiste mettoit plus de variété dans le feuillé de fes arbres, ce qu'il trouveroit en étudiant d'après nature le devant de fes tableaux , rien ne manqueroit à la perfection de fes ouvrages.

M. DE MARNE, *Agréé.*

Ce jeune Artiste donne les plus grandes efpérances. Il a beaucoup étudié Vauvelde & Wouwermans. Il tireroit le plus grand avantage de la connoiffance qu'il a de ces deux grands Maîtres , fi maintenant il ne confultoit plus que la nature.

Son tableau d'agrément eft celui qui lui fait le plus d'honneur. Il eft bien compofé, mais il manque d'effet général & de juf-teffe de ton ; ce qu'on n'acquiert, comme je l'ai déja dit , que par un examen févere de la nature.

On ne rendroit pas juftice aux talents que peut avoir M. de Marne , fi on ne confidéroit que le grand tableau de ba-taille , & une foule d'autres qu'il expofe au Salon.

M. DE BUCOURT, *Agréé.*

Une grande facilité & une touche fpi-rituelle , voilà tout ce qui conftitue le ta-lent de M. de Bucourt.

Il met une infinité de petits échos de lumiere du même ton ſur tous les plans. L'œil eſt fatigué quand on le ſuit dans ſes détails. Ses figures ſont meſquinement deſſinées, principalement les extrémités. Ce défaut exiſte ſur-tout dans ſon grand tableau.

Que M. de Bucourt ſoit perſuadé que le ton local de chaque choſe doit dégrader ſon plan. Que ſa couleur & ſes effets ſoient vrais ; & il ſera peintre.

M. WILLE, *Agréé*.

Si les grands talents s'acquéroient & devenoient le fruit de l'aſſiduité à l'étude, M. Wille auroit de la célébrité : mais malheureuſement il eſt l'exemple que la Peinture n'accorde rien à l'importunité.

M. SAUVAGE, *Académicien*.

Le tableau de réception de cet Auteur eſt bien compoſé : l'enfant, d'après M. Pigalle, le vaſe de Médicis, le tapis, & le bouclier antique ; enfin, tout ce qui eſt rendu dans ce tableau, eſt à faire illuſion.

Ses petits ſujets, imitant le bronze, le marbre, le plâtre & la terre cuite, ſont de la plus grande vérité.

Les petits bas-reliefs & camées antiques que l'on voit chez le marchand d'Eſtampes où ſont les grandes figures, ajouteroient encore à la réputation de M. Sauvage s'il leur avoit fait prendre la place de ceux qu'il a mis au Salon, ces premiers étant plus finis & imitant mieux la pierre.

M. HALL, *Agréé.*

Ses portraits sont d'une charmante couleur, sa touche est légere & spirituelle. Il a l'art de les ajuster très agréablement, ainsi que de choisir ses modeles.

M. WEYLER, *Académicien.*

Le portrait de le Kain, en émail, fait infiniment d'honneur aux talents de M. Weyler. Il est le Peintre qui fait sa miniature dans le large & le vigoureux qu'on peut mettre dans les plus grandes têtes.

M. PASQUIER, *Académicien.*

Quelques miniatures assez agréablement peintes, & qui doivent être ressemblantes.

M. GUÉRIN, *Académicien.*

Deux tableaux: l'un un Maître de harpe, & l'autre un Enfant qui ne sait pas sa leçon. Ces tableaux sont mal composés & mal peints.

M. Guérin a l'habitude de mettre les

ombres des chairs, draperies & terraſſes tout du même ton : c'eſt ſa maniere d'entendre l'accord.

Son eſquiſſe ſur la Naiſſance de Monſeigneur le Dauphin n'en fait pas deſirer l'exécution.

M. TAILLASSON, *Agréé*.

Le numéro 179 fait honneur au talent de M. Taillaſſon. Ce tableau eſt ſagement compoſé ; l'expreſſion de chaque tête eſt parfaitement rendue. C'eſt le Peintre qui s'occupe le plus de cette partie. Son tableau de Mézence en eſt la preuve.

On deſireroit que M. Taillaſſon eût en général plus de nobleſſe & de grace dans ſon deſſein.

M. RENAUD, *Agréé*.

Perſée qui délivre Andromede.

Ce tableau eſt d'une compoſition intéreſſante. On loue M. Renaud d'imiter les anciens, qui ne drapoient qu'à regret leurs figures. La couleur de ce tableau eſt un peu blafarde.

L'Education d'Achille eſt d'une grande vigueur. Le Centaure eſt bien peint, mais le corps eſt trop court : celui du jeune Achille eſt d'une grande beauté, mais le reſte de la figure n'eſt pas d'une belle cor-

rection : la jambe de devant paroît trop lon-
gue. L'effet général de ce tableau est noir,
ce qui rend les ombres du Centaure trop
dures & sans reflet : chose de toute im-
possibilité dans la nature, sur-tout lorsque
la scene est en plein air.

Ses esquisses sont pleines de feu & d'é-
nergie.

M. VAN-SPAENDONCK.

Chaque Salon, M. Spaendonck ajoute
à sa gloire. Son dernier tableau est an-
dessus de ceux qu'on a vus de lui jusqu'ici,
tant par sa composition, sa fraîcheur, son
fini précieux, que par sa légèreté. Peut-
on se permettre de reprocher à cet Artiste
qu'on trouve un peu trop de servilité dans
les contours de ses fleurs ; ce qui nuit à
la parfaite harmonie de ses tableaux?

M. JULIEN, *Agréé.*

Si M. Julien se perfectionne dans le
dessein, & qu'il conserve la composition,
l'effet & la couleur, il sera un habile
homme.

Mme. VALLAYER-COSTER, *Académicienne.*

Madame Vallayer-Coster soutient sa
réputation ; son Vase d'albâtre orné de

fleurs est d'une touche savante & moel-
leuse : mais la composition en est lourde ;
ce qui nuit beaucoup à l'effet de ce char-
mant tableau.

Le tableau de Gibier, attributs de chas-
se, est d'une bonne couleur, largement
peint. Si par une sérieuse étude Madame
Vallayer parvient à réussir dans ses portraits & petits tableaux de genre, comme
dans la nature morte, elle fera bien de
les mettre au Salon.

M. CLÉRISSEAU, *Académicien.*

Cet Artiste connoît parfaitement l'architecture, mais il se répete trop souvent
dans ses compositions comme dans ses
couleurs.

M. JOLLAIN, *Académicien.*

Le Frappement du Rocher.

Ce tableau est d'une composition froide
& mesquine, & d'une couleur fausse.

Les Saisons sont d'une couleur crue &
rouge, & d'un mauvais dessein.

M. LE NOIR, *Agréé.*

Quelques Portraits d'une exécution
molle, & d'une couleur égale, mais qui
peuvent être ressemblants.

M. MARTIN, *Agréé.*

On conseille à M. Martin d'abandonner tous ses modeles espagnols & indiens, qui ont, si l'on en juge d'après ses tableaux, les contours durs, & la couleur sale & verte.

M. VERTIMULLER.

Ce jeune Artiste a un bon principe de couleur. On l'invite à s'appliquer sérieusement au dessein ; alors il pourra être le peintre des Artistes, comme il est déja celui du public par son précieux.

SCULPTEURS.

M. PAJOU, *Professeur.*

LA réputation justement acquise de M. Pajou est soutenue par la Statue de Turenne, qui ne laisseroit rien à desirer, si le bras qui tient l'épée étoit moins roide.

Son Allégorie n'est pas à beaucoup près du même mérite. Caractere & correction, tout paroît négligé, & ne pas sortir du ciseau de cet habile Artiste.

M. BRIDAN, *Professeur.*

Vauban.

Cette statue est bien composée. M. Bridan a tiré un bon parti du costume du siecle. C'est dommage que cette figure soit un peu grêle: Ce grand homme devoit présenter une plus belle idée.

M. Mouchy, *Adjoint à Professeur.*

On remarque que la Figure de St. Jean-Baptiste, en plâtre, est de la plus grande nature.

M. Julien, *Adjoint à Professeur.*

Si le caractere de la bonhommie & du génie peut se rendre , il n'étoit réservé qu'au ciseau de M. Julien de triompher d'une telle difficulté. Cette Figure réunit la plus belle composition.

L'épisode du Renard est ingénieux.

Le Berger tuant un Serpent, & sa superbe Tête de Camille, prouvent la connoissance que M. Julien a de la belle nature dans tous ses caracteres.

M. Houdon, *Académicien.*

On ne peut mettre plus de précieux de détail dans les têtes, & plus de finesse dans les habits & les étoffes , que M. Houdon n'en met dans ses portraits.

(23)

Ce rare talent fait regretter qu'on ne voie pas dans l'expofition du Louvre les grandes Figures que l'on annonce dans le catalogue.

M. DE JOUX, *Académicien.*

On ne peut que louer l'exécution du Catinat de M. de Joux. Ses détails font bien foignés.

Son Achille n'eft pas du même mérite: apparemment que le nu eft très difficile.

M. BOIZOT, *Académicien.*

Les Eléments rendant hommage à l'Amitié.

Bas-relief foible.

M. Boizot a beaucoup de talent dans fes Portraits. Il le prouve principalement dans celui de M. Vernet, qu'on ne peut nulle part repréfenter foiblement.

M. CLODION, *Agréé.*

Montefquieu.

Cette Statue peut être regardée comme une des plus belles qui doivent compofer la magnifique collection du Roi.

Elle eſt ſupérieurement compoſée & rendue. L'Auteur de l'Eſprit des Loix ne pouvoit être repréſenté avec plus de no-bleſſe. Les mains ſont d'une grande vérité, d'un détail précieux. Les étoffes prennent ſous ſon ciſeau la variété qui leur convient.

M. Le Comte, *Académicien.*

Quelques Portraits où l'on reconnoît beaucoup de reſſemblance & de goût dans les ajuſtements.

M. Gois, *Profeſſeur.*

Une quantité de petits Bas-reliefs & Portraits prouvent le génie & l'intelligence de M. Gois.

Son projet de la Statue équeſtre de Henri IV feroit un ſuperbe monument dans ſon exécution.

M. Roland, *Agréé.*

Ce jeune Artiſte montre par ſes Bas-réliefs le plus grand talent dans cette partie.

M. MOITTE, *Agréé.*

La Figure d'Oreſte eſt d'une grande vérité dans toutes ſes parties. S'il y avoit quelque choſe à deſirer, ce ſeroit un plus grand choix de forme.

Ses Bas-reliefs & ſes Deſſeins prouvent l'étendue de ſon génie.

M. MONNOT, *Académicien.*

Dans ſa figure du Victimaire, M. Monnot prouve qu'il ſe ſouvient des grandes & belles formes qu'il a puiſées en Italie. Cependant le corps de cette figure eſt trop lourd, ſur-tout par le bas.

Le portrait du Pere Eliſée lui fait infiniment d'honneur dans ce genre.

M. MOREAU, *Deſſinateur & Graveur, Agréé.*

Les quatre deſſeins de M. Moreau, à l'occaſion de la naiſſance de Monſeigneur le Dauphin ſont étonnants pour l'effet, la compoſition & les détails intéreſſants que l'on y voit.

On croit que les figures du premier plan ſont trop petites pour les autres.

Les douze desseins de l'œuvre de Voltaire sont bien composés, & réunissent l'expression, le dessein, à un grand goût de draperie.

Cette collection, gravée, ne peut que lui faire infiniment d'honneur.

On craint que son allégorie n'ait pas le même sort. Son Apollon ne pose pas, il est trop roide. Le Temps alonge une jambe, comme si une crampe le forçoit à cela.

Le portrait de la Princesse est ressemblant. Il y a du génie dans la composition ; mais il manque d'effet général.